Índice

Rourke Educational Media
A Division of Carson Dellosa Education
rourkeeducationalmedia.com

¿Puedes encontrar estas palabras?

caen

clorofila

hojas

luz solar

Caen hojas

Las **hojas** crean alimento para los árboles.

La **clorofila** captura la **luz solar.**

Las hojas son verdes debido a la clorofila.

La clorofila ayuda a producir alimento para el árbol.

En otoño, los días son cortos y fríos.
Las hojas no pueden producir alimento.

El árbol ahorra energía.
Deja de producir clorofila.

Pierde sus hojas.

El viento sopla.

Las hojas se **caen** del árbol.

Nuevas hojas crecerán en primavera.

¿Encontraste estas palabras?

Las hojas se **caen** del árbol.

Las hojas son verdes debido a la **clorofila.**

Las **hojas** crean alimento para los árboles.

La clorofila captura la **luz solar.**